AF460850

SOCIÉTÉ FRANCO-JAPONAISE DE PARIS

SOUVENIRS

D'UNE AMBASSADE EXTRAORDINAIRE AU JAPON

PAR

M. LE GÉNÉRAL GEORGES LEBON

ANCIEN MEMBRE DU CONSEIL SUPÉRIEUR DE LA GUERRE
VICE-PRÉSIDENT DE LA SOCIÉTÉ FRANCO-JAPONAISE DE PARIS

Extrait du BULLETIN N° XXIX. — *Avril 1913.*

PARIS
BIBLIOTHÈQUE DE LA SOCIÉTÉ
59, AVENUE DU BOIS-DE-BOULOGNE, 59
(Musée d'Ennery).

1913

à Monsieur Germain Bapst
très cordial souvenir
Génl G. Lebon.

SOCIÉTÉ FRANCO-JAPONAISE DE PARIS

SOUVENIRS

D'UNE AMBASSADE EXTRAORDINAIRE AU JAPON

PAR

M. LE GÉNÉRAL GEORGES LEBON

ANCIEN MEMBRE DU CONSEIL SUPÉRIEUR DE LA GUERRE
VICE-PRÉSIDENT DE LA SOCIÉTÉ FRANCO-JAPONAISE DE PARIS

Extrait du BULLETIN N° XXIX. — *Avril 1913.*

PARIS
BIBLIOTHÈQUE DE LA SOCIÉTÉ
59, AVENUE DU BOIS-DE-BOULOGNE, 59
(Musée d'Ennery).

1913

Souvenirs d'une Ambassade Extraordinaire au Japon[1]

PAR

M. le Général Georges LEBON

Ancien Membre du Conseil Supérieur de la Guerre
Vice-Président de la Société Franco-Japonaise de Paris

CONFÉRENCE

faite pour la première fois au Comité de l'Asie Française le lundi 17 Février 1913 dans la salle de la Société d'Encouragement pour l'Industrie Nationale (2).

Mesdames, Messieurs,

C'est la première fois que j'ai l'honneur de prendre la parole dans cette salle. Et cependant il y a quelque quarante ans, au retour de mon premier séjour au Japon, et de mon premier tour du monde, je fus invité par la Société de Géographie qui, à cette époque, tenait ses séances ici même, dans cette salle, à faire une conférence sur le Japon. Ma timidité recula épouvantée. Parler en public m'eût été plus douloureux que de me précipiter dans le cratère d'un de ces beaux volcans que je venais d'admirer au Japon. Il en fut de même au retour de mon second séjour au Japon et de mon second tour du monde. Chose singulière, la jeunesse, malgré certains avantages qu'elle possède pour plaire, est généralement timide ; la vieillesse, qui devrait avoir honte de sa vilaine figure, a plus d'aplomb.

Ne croyez pas cependant que je sois très à mon aise en ce moment ; c'est qu'en effet, notre cher Président me charge d'une tâche bien ingrate : c'est chose très désagréable que de se mettre en scène soi-même ; c'est une vérité proverbiale que le *moi* est haïssable : mais je suis resté un soldat discipliné, comme le centurion de l'Évangile : Quand on lui dit : *Allez* ! il va ; *venez* ! il vient ; notre Président me commande de parler : je parle.

D'ailleurs j'espère que vous voudrez bien voir à côté du MOI HAÏSSABLE, quand il m'échappera, la mission française tout entière et, planant au-dessus de cette mission, la France qu'elle représentait.

(1) L'Ambassade Extraordinaire chargée de représenter la République Française aux funérailles de S. M. l'Empereur du Meiji comprenait, en outre de notre Vice-Président, M. le général Lebon, M. le capitaine de vaisseau Grandclément, attaché à la personne de M. le Président de la République, M. de Montille, secrétaire d'Ambassade, attaché au Cabinet de M. le Ministre des Affaires Etrangères et M. le lieutenant d'artillerie Jacques Lebon, des batteries à cheval de la 1re division de cavalerie.

N. D. L. R.

(2) Cette conférence suivie avec le plus vif intérêt par un auditoire aussi nombreux que choisi n'a pu paraître que résumée dans le *Bulletin de l'Asie Française*. Nous sommes heureux de pouvoir la reproduire ici *in extenso*.

N. D. L. R.

Au milieu d'août, rentré récemment d'un voyage aux États-Unis et au Canada, avec la Mission Champlain, je me préparais à partir pour la Russie comme président de la Délégation du Comité du Centenaire de 1812, lorsque je reçus un télégramme des Affaires Étrangères me demandant si, malgré mes préparatifs de départ pour la Russie, je pourrais accepter d'aller au Japon, en qualité d'Ambassadeur Extraordinaire, à l'occasion des funérailles impériales.

J'avoue que ma première impression fut un sentiment de stupeur et d'extrême lassitude, devant des missions se succédant si vite et correspondant à des idées et à des sentiments si divers ; mais le souvenir de la bienveillance que m'avait témoignée autrefois le *Grand Empereur* défunt, les vieilles amitiés que j'avais conservées au Japon, enfin le grand honneur qui m'était fait, me firent réagir contre cette première impression : J'acceptai donc...... J'espère qu'en pensant à la fatigue inséparable de tant de milliers de kilomètres parcourus en si peu de temps dans les deux hémisphères, de tant de gens et de choses entrevus si rapidement, vous m'excuserez si je vous dépeins avec des couleurs trop ternes un voyage qui fut magnifique et une réception qui fut incomparable.

Notre voyage au Japon a duré au total deux mois et demi sur lesquels quarante-cinq nuits en chemin de fer.

Du voyage à travers la Sibérie, je ne dirai que quelques mots : nous fûmes étonnés, au lieu de steppes plus ou moins désertiques, de traverser des régions cultivées où l'on aperçoit, à perte de vue, de beaux pâturages, de nombreux troupeaux et, de loin en loin, de belles grandes fermes. La création du Transsibérien a développé extraordinairement la vie économique de ces régions. Le Gouverneur de la province de Tobolsk, qui vint nous saluer et passa deux jours dans notre train, me disait que les paysans de ces régions se font tous les ans de très beaux bénéfices rien qu'avec le beurre qu'ils expédient en Allemagne, en Angleterre, en France même.

Au sujet de ce voyage, je veux signaler aussi le changement d'itinéraire que nous avons été amenés à faire en cours de route. Je n'avais pu avoir à Paris, avant de partir, aucun renseignement précis sur les conditions dans lesquelles on pouvait aller au Japon par la Mandchourie et la Corée. Nous avions donc pris nos billets pour la route ordinaire, par Vladivostok, d'où une traversée de 48 heures conduit ensuite au Japon. Mais après avoir dépassé le lac Baïkal et en approchant de Karbine, j'obtins des renseignements précis d'où il résultait qu'un service régulier existe maintenant entre Karbine et le Japon par la Mandchourie et la Corée ; une simple traversée de 8 à 10 heures permet d'aller du port de Fusan, qui est au sud de la Corée, au port japonais de Simonoséki. Par cette route nous pouvions arriver de Paris à Tôkyô en 15 jours et 15 nuits, gagnant ainsi un certain nombre d'heures sur le voyage par Vladivostok ; et surtout en remplaçant une traversée de 48 heures entre Vladivostok et le Japon, sur une mer souvent mauvaise, par une traversée de 8 à 10 heures dans des eaux généralement plus calmes ; enfin cette route présente l'avantage de traverser des pays beaucoup plus variés et plus intéressants que la région entre Karbine et Vladivostok.

Cette nouvelle route, à partir de cette année 1913, deviendra, je crois, la route normale, par suite d'arrangements intervenus entre la Société Internationale des Wagons-Lits et les chemins de fer japonais de Mandchourie et de Corée.

Je prévins par un télégramme en clair les Affaires Etrangères à Paris et notre Ambassadeur à Tôkyô de ce changement d'itinéraire, très peu de temps seulement avant d'arriver à la premiere gare japonaise.

Aussi quel ne fut pas notre étonnement, en arrivant à cette gare et à toutes les gares suivantes de Mandchourie et de Corée, de trouver les autorités civiles et militaires en grande tenue et des détachements de troupe venant rendre les honneurs à la mission. Nous trouvâmes aussi, dès la première gare de Mandchourie, et de même en Corée, des officiers envoyés par le Gouverneur Général du Kwantung qui réside à Port-Arthur, et par le Gouverneur Général de Corée qui réside à Séoul, pour nous accompagner ; sans compter des officiers de gendarmerie et des gendarmes qui montèrent dans notre train pour nous escorter ; de plus, la Direction Japonaise des Chemins de Fer du Sud-Mandchourien, ainsi que celle des Chemins de Fer Coréens nous firent savoir que nous devions nous considérer comme leurs hôtes ; il nous fut impossible de nous acquitter d'aucun frais autrement que par des gratifications au personnel subalterne.

Toutes ces mesures prises par les autorités japonaises depuis notre changement d'itinéraire l'avaient été avec une rapidité et une décision vraiment remarquables.

En arrivant à la première gare japonaise, j'avais adressé un télégramme de salutation au Général Comte Téraoutchi, Gouverneur Général de Corée.

A tous les arrêts je dus descendre pour passer l'inspection des détachements d'honneur et recevoir les officiers de chaque garnison.

A Moukden, pendant l'arrêt d'une demi-heure entre minuit et minuit et demi, une réception avait été préparée par les officiers japonais, dans le bel hôtel installé dans l'intérieur de la gare, réception que nous nous fîmes un devoir d'accepter pour répondre à cette délicate attention, malgré l'heure avancée et les fatigues du voyage. Nous eûmes le plaisir d'y faire la connaissance du Consul de France, M. Berteaux, que nous vîmes plus longtemps à notre retour.

De Mandchourie, on passe en Corée par le magnifique pont d'Antung sur le Yalou ; ce pont a 3 kilomètres de long avec, au centre, une partie tournante pour permettre la navigation ; c'est une œuvre superbe qui a coûté aux Japonais un nombre considérable de millions ; il est ouvert depuis fort peu de temps à la circulation des trains ; c'est grâce à lui que l'itinéraire que j'ai adopté au dernier moment est actuellement le plus rapide pour aller de Paris à Tôkyô.

De ce pont, on voit tout le théâtre de la bataille du Yalou qui fut, comme vous le savez, la première victoire japonaise dans la guerre contre la Russie ; c'est là que l'armée japonaise réussit à franchir de vive force le large estuaire du Yalou.

Le Lieutenant-Colonel Kono, officier d'Etat-Major des plus distingués, que le Gouverneur Général de Corée avait envoyé pour m'accompagner, me fit un récit des plus intéressants des différentes phases de cette bataille.

Après le passage du Yalou, on pénètre en Corée.

Aux stations coréennes, les écoles s'étaient jointes aux autorités et aux détachements de troupe qui rendaient les honneurs à la Mission, de sorte que les jeunes Coréens et les jeunes Coréennes, accompagnés de leurs professeurs, tous en costume national coréen, étaient alignés à la gauche de la troupe, et remplaçaient les honneurs militaires par les profondes révérences nationales. Nous pûmes par là nous rendre compte, de suite, quel soin le Gouvernement japonais met à développer les écoles et à répandre l'instruction parmi les populations de la Corée. C'est une question dont je reparlerai à l'occasion de mon séjour en Corée au retour.

A Séoul, capitale de la Corée, la réception à la gare fut particulièrement animée : il y avait là les fonctionnaires du Gouvernement Général, les autorités militaires et civiles et une foule de personnalités parmi lesquelles le Consul de France, M. Alphonse Guérin, et des missionnaires catholiques.

En remontant dans le train, nous trouvâmes notre salon rempli de corbeilles de fleurs, de fruits, de gâteaux variés, avec les cartes du Gouverneur Général et d'autres personnages, et même de nombreuses boîtes de cigares de la Havane avec la carte d'un Général Japonais, ancien ami à moi, qui connaissait mes faiblesses.

Arrivés à la côte sud de la Corée, nous embarquâmes au port de Fusan ; une traversée de 8 à 10 heures nous conduisit au grand port japonais de Simonoseki ; pendant cette traversée, on longe l'île de Tsushima et l'on passe sur le point où l'Amiral Togo livra la grande bataille navale de Tsushima contre la flotte de l'Amiral Rodjewsenski, qui aboutit à la destruction de cette flotte : celle-ci, vous vous le rappelez, partie de la Baltique, avait fait le tour de l'Afrique par le Cap de Bonne Espérance pour remonter ensuite par l'Océan des Indes et les mers de Chine et du Japon.

A l'arrivée dans la magnifique rade de Simonoseki, qui est une des plus belles du monde, et qui était baignée d'une atmosphère merveilleusement limpide, aux transparences brumeuses, le Comité de Réception chargé de recevoir et d'accompagner l'Ambassade française Extraordinaire et auquel s'était joint le Capitaine Bertin, notre Attaché Militaire au Japon, vint en rade au-devant du paquebot.

Un peu plus loin, la mission fut saluée par l'artillerie du croiseur Japonais « Akashi », qui avait été envoyé d'urgence à Simonoseki, et dont l'équipage rendit les honneurs.

En débarquant sur le quai de Simonoseki, la mission fut saluée par une foule nombreuse et un incident touchant se produisit : Au milieu de la foule, j'aperçus un vieux Japonais dans son kimono (vêtement national) qui agitait un papier vers moi ; la police voulait l'empêcher d'approcher, mais il m'appela avec quelques mots de français et de Japonais : « Mon Général, vous ne vous « rappelez pas du vieux Yamamoto qui était sous vos ordres, quand vous avez « organisé l'Arsenal Militaire à Tôkyô ? »

Je fis signe qu'on le laissât approcher ; il me donna le papier sur lequel il avait écrit son nom ; « Certainement, mon brave Yamamoto, je me rappelle « de toi, je suis content de te revoir », lui dis-je en lui serrant la main. Il se confondit en salutations et toute la foule avec lui. Il paraît qu'il fut interviewé par les nombreux reporters japonais, que la Civilisation Européenne a fait pousser au Japon comme des champignons, et l'on me montra une de ces interviews où le brave Yamamoto racontait des anecdotes sur ma vie à l'époque où je travaillais à la création de l'Arsenal Militaire de Tôkyô.

Un train spécial nous attendait pour nous conduire à Tôkyô avec le Comité de Réception ayant à sa tête l'Inspecteur Général de Cavalerie, S. E. le Général Akiyama, ancien élève de notre Ecole de Saumur (1). Ce train comprenait : salon, cabinet de travail, salle à manger, des cabines pour chacun, etc., avec un majordome et un personnel appartenant au Palais de l'Empereur et un service de table aux Armes Impériales.

Pendant cette route je rencontrai de nouveaux témoignages de la fidélité du souvenir, cette vertu si enracinée au cœur des Japonais: Ainsi, à une heure avancée de la nuit, le Général Akiyama vient m'appeler dans ma cabine : « Venez vite, Excellence, voici un général de vos vieux amis qui a « fait plusieurs heures de route dans la nuit pour venir vous saluer ! » Ce fut avec une véritable émotion que je serrai la main de cet officier général qui, étant en retraite, avait repris son uniforme, et que je n'avais pas vu depuis tant d'années.

Le lendemain matin, à la première heure, à la gare d'Osaka, au milieu d'une foule d'officiers et de fonctionnaires qui attendaient la Mission Française, je vis venir à moi un vieil officier supérieur, retraité, lui aussi, qui avait repris son uniforme et tira de sa poche une vieille photographie de moi en capitaine, qu'il gardait précieusement, me dit-il, depuis quarante ans.

J'éprouvai bien des fois pendant mon voyage la même douce émotion ; je me rappelle notamment un de mes anciens interprètes qui vint me voir à Tôkyô dans son vieux costume japonais et qui tira de la doublure de son kimono une autre photographie de moi, toute jaunie, celle-là, qui ne le quittait pas, me dit-il.

En arrivant à Tôkyô, la mission fut reçue à la gare par le Grand Maître des Cérémonies de la Maison Impériale, les Ministres des Affaires Étrangères, de la Marine..., et par le Préfet de Police, le Maire de Tôkyô, etc., par de nombreux amis personnels et par tout le personnel de l'Ambassade de France.

A la sortie de la gare, une foule nombreuse était venue saluer la Mission.

Des voitures de la Cour nous conduisirent à l'Hôtel du Marquis Nabeshima, Conseiller Intime de S. M. l'Empereur qui était mis à la disposition de la Mission.

Pendant notre séjour à l'Hôtel du Marquis Nabeshima, de très beaux dîners, qui conservaient un caractère intime en raison des circonstances du grand deuil, furent donnés en mon nom par les soins de la Maison Impériale ; je

(1) Ce Comité de Réception comprenait en dehors de S. Exc. le Général Akiyama, Inspecteur Général de la Cavalerie, S. Exc. M. Ichiki, Ministre Plénipotentiaire, Maître des Cérémonies de la Cour Impériale : M. le Lieutenant-Colonel Fukuhara, M. le Capitaine de Frégate Matsumura Kikao, M. le Capitaine de Corvette Hatano, M. le Vicomte Tsuchiwa, de la Maison Impériale.

n'avais à intervenir dans l'organisation de ces réceptions que pour établir la liste des invités comprenant notamment les Membres de l'Ambassade de France à Tôkyô, l'Amiral français de Kérilis, les commandants et les officiers des trois bâtiments de guerre français qui étaient venus pour la durée des cérémonies en rade de Yokohama. Je dois signaler le précieux concours que j'ai rencontré dès le premier jour, et pendant tout mon séjour, de la part de M. Gérard, Ambassadeur de France, et de tout le personnel de l'Ambassade, notamment de M. le Capitaine Bertin.

Le 12 septembre, je fus admis à présenter mes lettres de créance à S. M. l'Empereur (1). L'Empereur me reçut seul, et reçut ensuite les autres membres de l'Ambassade. Avant de vous citer les paroles que j'ai prononcées à cette occasion, ainsi que la réponse de l'Empereur, je dois vous faire remarquer que l'Empereur défunt n'est plus désigné dans ces discours sous le nom de Mutsu-hito qu'il avait porté pendant sa vie, mais par celui de Meiji-Tennô ; c'est le nom qui lui a été donné après sa mort. Vous savez que la période pendant laquelle l'Empereur a régné s'appelait l'ère de Meiji, qui veut dire ère de la lumière ou du progrès ; c'est sous ce nom de Meiji-Tennô (Empereur de l'ère de la lumière) qu'il passera dans l'histoire.

L'ère nouvelle qui a commencé depuis quelques mois avec le règne du nouvel Empereur, s'appelle l'ère de Taï-Sho, ce qui veut dire l'ère de la droiture, de la rectitude.

Voici les paroles que j'ai prononcées :

« Sire,

« J'ai l'honneur de remettre entre les mains de Votre Majesté les lettres par lesquelles le Président de la République m'accrédite auprès d'Elle en qualité d'Ambassadeur Extraordinaire, pour le représenter aux obsèques de Votre Vénéré Père, Sa Majesté Meiji-Tennô.

« J'exprime, au nom du Président et du Gouvernement de la République, comme de toute la nation française, la part profonde que la France a prise au deuil de Votre Majesté, de Sa Majesté l'Impératrice, de la Famille Impériale et de la nation Japonaise.

« Le Président et le Gouvernement de la République m'ont, en même temps, chargé de renouveler à Votre Majesté, en cette circonstance solennelle, les assurances de leur sincère désir de maintenir les relations d'étroite amitié entre la France et le Japon, ainsi que les vœux qu'ils forment pour le règne de Votre Majesté et la prospérité de l'Empire.

« Ce n'est pas sans une vive émotion qu'en m'acquittant de la haute mission qui m'est confiée, j'évoque le souvenir de la bienveillance que le Grand Empereur avait daigné me témoigner à l'époque déjà lointaine où il m'a été donné, au début de ma carrière, de participer aux travaux de mes brillants camarades de l'Armée Japonaise. »

Voici maintenant les paroles par lesquelles Sa Majesté m'a répondu :

« C'est avec un vif plaisir que j'ai reçu la lettre de M. le Président de

(1) L'Escadron d'escorte était commandé par M. le Capitaine Toratoshi Aiga et comprenait MM. les Lieutenants Baron Toshizo Terashima et Kiyochika Aise.

la République par laquelle il a bien voulu m'annoncer l'envoi de Votre Excellence en mission comme Ambassadeur Extraordinaire pour le faire représenter aux funérailles de mon Bien-Aimé Père Meiji-Tennô.

« Je suis extrêmement touché de ce nouveau témoignage d'amitié et de sympathie de la part de M. le Président et du Gouvernement de la République, ainsi que de celle de la nation française.

« J'ai la satisfaction de voir, à cette occasion, le meilleur choix, fait par M. le Président de la République, en la personne si distinguée de Votre Excellence qui a été autrefois un des collaborateurs les plus assidus et les plus dévoués de l'organisation de l'Armée Japonaise. »

Après que l'Empereur et l'Impératrice m'eurent reçu, ainsi que Mme la générale Lebon et tous les membres de l'Ambassade Extraordinaire, nous allâmes, conduits par le Maître des Cérémonies, saluer la dépouille mortelle de l'Empereur défunt.

Devant l'entrée de la chapelle funéraire, où on avait disposé le catafalque, avait été placée une couronne apportée de France par nous. Cette très belle couronne de deux mètres de diamètre était composée de roses de France, de glycines du Japon et d'orchidées ; elle portait un grand nœud de soie tricolore au nom du « Président de la République Française ».

Devant ce cercueil je n'entreprendrai pas de vous donner le plus court résumé de la vie de ce grand souverain, qui remplira de nombreux volumes ; mais, pour vous donner une idée, quoique bien imparfaite, de la noblesse et de la bonté de ce beau caractère, je voudrais vous citer quelques-unes des pensées que, chaque jour de sa vie, l'Empereur aimait à exprimer sous la forme de courtes poésies en cinq vers, que les Japonais affectionnent, mais dont la traduction ne peut, bien entendu, reproduire le charme :

« Ma pensée est qu'il ne saurait y avoir de plus grande joie pour moi que de partager un plaisir avec tous mes sujets. »

« Alors que le pauvre ouvrier pousse tout seul sa charrette, quelle neige tombe sans pitié sur sa charge déjà pourtant si lourde. »

« Par cette journée de chaleur insupportable, même à l'ombre de la fenêtre, là-bas je vois des gens couper l'herbe sous le soleil aveuglant. »

« Tandis que nous considérons comme frères tous ceux de l'Océan de ce Monde, pourquoi les vents et les vagues nous troublent-ils ? »

« Oh ! ce temps où les joies de la paix rempliront à nouveau un monde paisible ! alors je lèverai bien haut ma coupe. Oh ! ce temps-là, combien j'y aspire ! »

« Tandis que je pleure silencieusement ceux qui sont tombés pour leur Patrie, je m'arrête pour me demander : Qu'éprouvent leurs pères et leurs mères ? »

« Même s'il faut combattre l'ennemi du Pays, n'oublions pas la pitié. »

Et maintenant en voici où se révèle le conducteur d'hommes :

« Cherchons jusqu'au cœur des montagnes comme jusqu'au bout des îles, si des hommes capables restent encore inconnus. »

**

« Selon qui le gouverne, le cœur devient d'argile, de diamant, ou d'or. »

« Alors que j'écoute les affaires de l'Etat, je ne pense pas, tout plein d'elles, à l'ardente chaleur du jour. »

Enfin des pensées où se révèle le grand éducateur de son peuple :

« Toute restreinte qu'est l'éducation de la famille, c'est la base qui élève, en ce monde si vaste. »

« En choyant trop vos enfants, par amour paternel, n'allez pas négliger l'éducation dans vos familles. »

« Que c'est beau, la pureté du cœur des enfants qui ignorent même encore de masquer leurs désirs (1). »

La remise de mes lettres de créance, et la réception de l'Ambassade Extraordinaire furent suivies d'un déjeuner présidé par l'Empereur et l'Impératrice à la suite duquel Leurs Majestés s'intretinrent encore avec chacun d'entre nous.

Dans l'après-midi, le Grand Maître de la Maison Impériale apporta à Madame la Générale Lebon un très beau présent de S. M. l'Impératrice, en souvenir de l'audience du matin ; et S. M. l'Empereur m'ayant fait demander ma photographie avec ma signature, daigna m'envoyer la sienne signée de Lui, dans un cadre aux Armes Impériales. — Nous fûmes invités à un second déjeuner avec Leurs Majestés Impériales quelques jours après.

Dans la nuit du 13 au 14 septembre eut lieu la cérémonie des obsèques ; je vous en dirai très peu de chose, car cette magnifique cérémonie a été décrite dans tous les journaux et en voulant la dépeindre dans tous ses détails, j'arriverais à dépasser les limites de la patience que je puis espérer de votre amabilité.

Cette cérémonie, en pleine nuit, fut profondément impressionnante par son caractère de grandeur et de simplicité ; par le recueillement et le silence des masses humaines qui y assistèrent, venues de tous les points du Japon ; par le calme avec lequel s'accomplirent tous les actes de la cérémonie.

L'attitude de la population tout le long des grandes artères conduisant au champ funéraire, était particulièrement émouvante ; on ne pouvait percevoir ni le moindre bruit, ni le moindre mouvement. Les enfants dans les bras de leur mère regardaient fixement, silencieux et immobiles. Les chiens eux-mêmes, se tenaient tapis contre leurs maîtres, sans bouger.

Le terrain où a eu lieu la cérémonie peut être comparé, comme étendue, au moins à notre ancien Champ de Mars, avant les nouvelles constructions ; l'ornementation de cet immense espace par de longues lignes de banderoles blanches et noires, le tout éclairé par des torchères, par de grandes corbeilles surélevées remplies de feux de bois, et par des lanternes voilées de blanc, cette ornementation, très simple en elle-même, produisait un effet grandiose.

A l'arrivée du char funèbre et du long cortège qui le suivait, le silence

(1) J'emprunte ces pensées de l'Empereur au *Bulletin de la Société Franco-Japonaise de Paris* de septembre 1912 : Mutsu-Hito, l'Empereur du Meiji par M. E. Arcambeau, Bibliothécaire de la Société, pages 17-22.

n'était interrompu que par les notes plaintives et déchirantes de petites flûtes en bambou qui exprimaient la douleur avec une réalité étonnante.

Le cortège comprenait à la fois des officiers en uniforme, des prêtres et les dignitaires de la Cour dans les anciens costumes nationaux pleins de noblesse. Je ne puis passer sous silence, dans le courant de la cérémonie, les chants des chœurs aux notes basses et graves rappelant beaucoup le plain chant de nos cérémonies chrétiennes.

L'Empereur, l'Impératrice, les Princes et Princesses, les Ambassadeurs Extraordinaires, allèrent saluer individuellement le char funèbre placé sous un temple élevé au fond de cet immense espace où se déroulait la cérémonie.

Au retour de cette cérémonie, nous retrouvâmes les troupes qui formaient la haie et qui avaient été placées le long des grandes artères depuis de longues heures, dans une attitude irréprochable, rendant les honneurs d'une manière impeccable. Il y avait là environ quarante mille hommes qui comprenaient des soldats prélevés sur toutes les compagnies de tous les corps de l'Armée Japonaise.

Ainsi sur toute la surface de l'Empire, les Régiments verraient revenir des témoins des obsèques pour conter à leurs camarades leur inoubliable impression.

Ai-je besoin de vous rappeler qu'au premier coup de canon qui avait annoncé la sortie du Palais du cortège funèbre, le Maréchal Noghi se donna la mort par le *hara-kiri*.

La veille, je l'avais rencontré au déjeuner de l'Empereur ; je l'avais connu il y a quarante ans, jeune chef de bataillon ; et je l'avais revu à Paris il y a dix-huit mois. Il me prit la main entre les deux siennes et nous causâmes ainsi quelque temps sans que je pusse dégager ma main qu'il tenait toujours. Comme je lui disais dans le cours de notre conversation : « Je suis bien en « retard avec vous, Monsieur le Maréchal, vous m'avez envoyé votre photo- « graphie il y a un an, avec votre plaque de Grand Officier de la Légion « d'Honneur ; je voulais toujours vous envoyer la mienne avec le Grand « Cordon du Soleil Levant ; je n'ai pas trouvé depuis un an l'occasion de me « faire photographier, mais Sa Majesté vient de me remettre un nouveau « Grand Cordon, celui de l'Ordre du Paulownia : dans trois ou quatre jours « vous recevrez ma photographie ». A ces mots, il me serra fortement la main entre les deux siennes, en la secouant vivement, sans dire un mot. J'avais été étonné de ce silence; quarante-huit heures après, je compris qu'il n'avait pas voulu me répondre qu'il ne la recevrait pas, et que ce serrement de mains prolongé avait été son éternel adieu.

Les circonstances de sa mort ont été généralement mal expliquées en Europe et en France. Dans la guerre contre la dernière insurrection féodale, en 1877, le drapeau du régiment qu'il commandait avait été pris par l'ennemi et avait été hissé par celui-ci comme un trophée au sommet des remparts de la place-forte de Kumamoto qui était aux mains des rebelles.

Noghi se considéra comme déshonoré et voulut se donner la mort ainsi qu'il l'explique lui-même dans l'admirable testament qu'il a laissé.

D'après ce qui m'a été dit, ce serait l'Empereur défunt qui, à cette époque-là, ayant eu connaissance de la résolution de Noghi, lui défendit de la mettre à exécution, en lui rappelant que sa vie appartenait à son Pays et à son Empereur, et que tant que lui régnerait il ne pouvait admettre que Noghi se donnât la mort.

Cette résolution de Noghi me paraît expliquer pourquoi il refusa longtemps de se marier avec une charmante jeune fille qui aimait Noghi et que lui-même aimait; le père de cette jeune fille avait fait plusieurs démarches auprès de Noghi pour le dècider; Noghi avait toujours refusé; on m'a raconté que l'Empereur, mis au courant de cette situation, lui avait donné l'ordre de se marier; si ces faits sont bien exacts, il me parait certain que Noghi résistait à ce mariage parce qu'il ne voulait pas associer la destinée de cette jeune fille à celle d'un homme qui se considérait comme un condamné à mort.

Cet événement tragique produisit une émotion et une admiration profondes dans tout le Japon. Ses obsèques, auxquelles j'assistai, donnèrent lieu à des manifestations touchantes ; et l'on peut dire en toute vérité que ce fut un deuil national.

Le Maréchal Noghi était célèbre par sa bonté et sa simplicité; on cite à cet égard une foule de traits de sa bonté, en voici un : — Se trouvant assis dans un tramway qui était plein, il voit sur la plateforme un soldat malade qui avait peine à se tenir debout; si Noghi lui offre d'échanger sa place, avec la sienne, le soldat qui l'aura reconnu refusera; alors, au premier arrêt, Noghi fait semblant de descendre, le soldat prend sa place et Noghi remonte, confondu avec les autres voyageurs qui restent sur la plateforme.

Les jeunes élèves, garçons et filles, de l'Ecole des Nobles dont l'Empereur défunt l'avait nommé Inspecteur, le pleurèrent comme un père.

Sa fermeté d'âme n'a pas besoin d'être démontrée après sa fin tragique. Le *hara-kiri*, dans les conditions où il fut accompli par le Maréchal Noghi, exigeait une énergie bien plus grande encore que le *hara-kiri* tel qu'il se pratiquait d'ordinaire. En général, le condamné qui se donnait la mort avait à côté de lui son ami le plus dévoué, le plus fidèle; au moment où le condamné se faisait une incision dans le ventre, son ami dévoué qui suivait tous ses mouvements, tirait brusquement son sabre et, d'un seul temps lui abattait la tête. Noghi, avec sa sublime énergie, après s'être ouvert le ventre, dut lui-même se couper la gorge. Et c'est alors que son héroïque femme se poignarda au cœur. Il ressort du testament de Noghi qu'elle lui avait caché son intention de se donner la mort après lui, car il avait pris soin de régler au mieux tous les détails de sa vie quand elle serait veuve.

Noghi était en même temps un esprit de haute culture intellectuelle; il portait toujours avec lui un traité de haute philosophie très célèbre au Japon ; et il savait aussi exprimer les pensées délicates, en les enfermant dans ces poèmes de trente et une syllabes dont je vous ai donné l'exemple en parlant de l'Empereur.

C'est ainsi que pendant le siège de Port-Arthur, où ses deux fils avaient été tués, parcourant un jour de printemps le terrain si accidenté des opérations, et voyant s'ouvrir les œillets, il exprimait en cinq vers cette tendre pensée :

« Dans la plaine et sur la montagne, voici que s'épanouissent des fleurs
« d'œillet, vestiges aimés des héros tombés frappés à mort. »

Pendant les journées des 14 et 15 septembre qui avaient suivi les obsèques, la Mission Française comme les autres Missions Étrangères, avaient été invitées à aller aux environs de Tôkyô dans des villégiatures préparées par le Ministère de la Maison Impériale. Une partie de la Mission Française alla visiter les fameux temples de Nikko, au nord de Tôkyô ; les autres allèrent à Mianoshita, ville d'eaux où va la Cour en été, dans la région si pittoresque qui s'étend sur les pentes de la montagne célèbre, le Fuji-Yama.

Je voulus aller revoir, à proximité de Mianoshita, une ancienne auberge japonaise, sur une pointe de rocher, entre deux cascades, où j'étais venu, il y a quarante ans, me reposer pendant les très grosses chaleurs de l'été. Le Maître des Cérémonies de la Maison Impériale qui m'accompagnait raconta ma visite au Préfet de la province et celui-ci, par une attention délicate, décida qu'une inscription commémorative de mes deux visites à quarante ans de distance, serait placée dans cette petite maison japonaise.

Rentré à Tôkyô, je reçus du maire de la Ville de Tôkyô le baron Sakatami, docteur en droit, ancien Ministre, une adresse de la Municipalité de Tôkyô où il m'exprime toute la reconnaissance de la Ville de Tôkyô à l'égard du Président de la République Française qui « *a bien voulu*, dit-il, charger un « envoyé spécial d'apporter de si loin un message de chaude sympathie et de « condoléances à l'occasion de la si grande affliction dont son pays a été la « victime ».

Nous regrettons, continue-t-il, que le moment présent nous prive du plaisir de manifester, par une réception publique, notre reconnaissance de votre visite, et nous espérons que Votre Excellence voudra bien nous donner une autre occasion en renouvelant sa visite dans cette cité, de lui témoigner le prix que la population de cette ville apporte à sa présence au milieu d'elle.

Cette adresse m'annonce ensuite l'envoi d'objets d'art qu'il me prie d'accepter en souvenir de la plus cordiale bienvenue de ses concitoyens. Il termine en me demandant de transmettre au Président de la République, au Gouvernement et au peuple de France, la reconnaissance de la Ville de Tôkyô du témoignage de sympathie qu'ils lui ont fait porter.

Dans ma réponse à cette adresse, j'ai insisté sur l'impression très vive que me laissait la façon si grandiose et touchante dont le peuple de Tôkyô avait manifesté sa douleur dans le grand malheur qui venait de frapper le Japon. J'ai tenu à dire aussi combien j'admirais le très grand développement qu'a pris la Ville de Tôkyô tout en conservant précieusement ses traditions d'aimable hospitalité et de civilité raffinée, et qui a su aussi conserver dans les produits de son industrie cette délicatesse dont témoignaient les objets qui m'étaient offerts en son nom.

Quand je quittai Tôkyô, à la fin de septembre, j'adressai à M. le maire de Tôkyô, comme l'avaient fait les autres Ambassadeurs Extraordinaires, une somme d'argent pour les œuvres de bienfaisance de la Ville de Tôkyô (1.000 yens — soit environ 2.600 francs.)

Je fus amené à prolonger mon séjour à Tôkyô jusqu'à la fin de septembre pour répondre aux invitations du Ministre de la Guerre et de hautes personnalités japonaises, ainsi que pour visiter différents Établissements et Écoles

Militaires et assister à des manœuvres qu'on me fit la gracieuseté d'organiser pour moi aux environs de Tôkyô (1). Les réceptions eurent toujours, bien entendu, un caractère intime et privé, en raison des circonstances de deuil où on se trouvait.

Le Ministre de la Guerre, Général Baron Uéhara nous invita à déjeuner dans le parc de l'Arsenal Militaire; la visite de l'Arsenal est interdite à tout le monde, mais le Ministre m'avait dit « que cette interdiction, bien entendu, ne s'appliquait pas à moi, puisque cet Arsenal était mon enfant; le général qui le commandait avait reçu l'ordre de se mettre à ma disposition et toutes les portes me seraient ouvertes »; je le visitai, en effet, pendant toute la matinée avant le déjeuner; et chaque pas fait dans ce vaste établissement évoqua chez moi d'innombrables souvenirs de mes travaux de jeunesse; les officiers japonais tinrent à me montrer la première cheminée en briques que j'avais fait construire et qui est encore debout malgré d'innombrables tremblements de terre, mais elle a dû être cerclée de fer sur toute sa hauteur.

Au déjeuner, où se trouvait une cinquantaine de généraux et officiers japonais, le Ministre me remercia, en termes trop flatteurs, de ce que j'avais fait autrefois pour la création de cet Arsenal; puis il me demanda si je trouvais beaucoup de changements au Japon ; je lui répondis que « je n'avais fait « que collaborer à l'accouchement d'un jeune enfant que j'avais laissé encore « bien petit, mais que je retrouvais aujourd'hui, devenu un grand gaillard, « solide et remarquablement bâti ».

Quant à la question qu'il m'avait posée sur les changements que j'observais au Japon, je lui répondis à peu près dans les termes suivants :

« Je vois avec quelle rapidité vous avez su développer l'emploi de la vapeur, « de l'électricité et toutes leurs applications; vous avez construit de belles « routes et des chemins de fer là où il n'y avait que des sentiers pour che- « vaux de bât ou pour les piétons ; en un mot, au point de vue matériel, je « constate des changements extraordinaires et l'on ne peut que vous en féli- « citer, car c'était une nécessité absolue, pour ne pas être étouffé entre la « double étreinte de l'Europe et de l'Amérique; mais, au point de vue moral, « je crois voir, je crois comprendre que vous avez conservé et que vous tenez « à conserver votre mentalité, vos antiques vertus japonaises, votre organisa- « tion solide de la famille, votre loyalisme, votre fidélité aux vieilles tradi- « tions; en un mot, que vous voulez conserver votre âme japonaise; et, de « cela, je ne puis encore que vous féliciter ».

Le Ministre se leva de nouveau vivement, et je ne crois pas me tromper en résumant ainsi ses paroles :

« Vous venez d'entendre, Messieurs, les paroles du Général Lebon ; elles « sont l'exacte vérité : nous voulons rester nous-mêmes ; et nous ferons tous « nos efforts pour conserver, comme il l'a si bien dit, notre âme japonaise ».

J'aurais pu compléter ma pensée, en disant que, si le Japon se laissait envahir par les idées individualistes qui sont à la mode en Europe et en

(1) S. Exc. M. le Ministre de la Guerre avait bien voulu mettre à ma disposition pour ces visites d'établissements militaires un des distingués professeurs de l'École d'Application de l'Artillerie et du Génie, M. le Capitaine Sakurai.

Amérique, certainement il ne vivrait pas, dans l'avenir, les 2572 années qu'il a vécues dans le passé.

Le Maréchal Prince Yamagata voulut aussi nous recevoir. Il était ministre de la guerre pendant tout le temps que je faisais partie de la Mission Française au Japon, de 1872 à 1876; je l'avais revu en France, lorsqu'il se rendait à Moscou en 1896 pour le couronnement de l'Empereur de Russie; j'avais été chargé de l'accompagner à Saint-Cyr et j'avais eu l'honneur de le recevoir chez moi à la direction de l'Artillerie de Versailles; je l'ai retrouvé comme je l'avais connu, d'une extrême simplicité. Cette simplicité est une qualité qu'on rencontre, en général, chez les hommes importants du Japon; cela ne veut pas dire qu'ils n'aient pas le sentiment de leur valeur; mais leurs manières restent simples et modestes; et plus un homme est important, plus il parle bas. Combien d'entre eux, parmi les plus illustres et les plus glorieux, m'ont fait ressouvenir de cette noble et grande figure du Maréchal de Turenne, dont Fléchier a dit qu'il « fuyait les acclamations populaires et *rougissait* de ses victoires »; et dont Mascaron a dit qu'il « revenait de ses campagnes triomphantes *plus vide de sa propre gloire* que le public n'en était occupé ».

En prenant le café, après le déjeuner, le Général Miura, Sénateur, que j'avais connu autrefois, me dit : « Je deviens vieux, mon Général, et vous « aussi, nous ne nous reverrons probablement jamais plus; je tiens à fixer « un point d'histoire qui intéresse vous et vos compatriotes : Lorsqu'après « votre malheureuse guerre de 1870, il fut question de demander en Europe « une mission militaire, certaines gens, comme il s'en trouve toujours, vous « le savez, dans tous les pays, se laissant fasciner par le succès, voulaient « qu'on fît venir une mission allemande, quoique la mission française qui « avait été demandée à l'Empereur Napoléon III par le dernier Shogun « (Taïcoun) eût laissé chez nous les meilleurs souvenirs. Eh bien! je tiens à « vous dire, devant le Maréchal Yamagata, que ce fut lui qui résista à ce cou- « rant, il voulut, avec une fermeté inébranlable, qu'on restât fidèle à l'Armée « Française, et il fit décider qu'on demanderait une nouvelle mission à la « France ».

Le Maréchal Prince Oyama, qui a commandé en chef dans la campagne de Mandchourie, et le Général Comte Téraoutchi nous reçurent aussi de la façon la plus hospitalière. En 1884, le Maréchal Oyama, alors général, était venu en France à la tête d'une grande mission que le Ministre de la Guerre de France m'avait chargé d'accompagner; et au retour d'un voyage de cette mission à Brest, j'avais eu l'honnenr de recevoir chez moi à la campagne, en Bretagne, pendant quelques jours, le Maréchal Oyama.

Quant au Général Téraoutchi, il était à cette époque Attaché Militaire du Japon en France et, à ce titre, accompagnait la Mission Oyama; c'est avec lui que nous dûmes, pendant plusieurs semaines, organiser les déplacements de la mission qui visita les Écoles Polytechnique, Saint-Cyr, etc..., des établissements tels que le Creusot, les Ateliers du Havre où le Gouvernement japonais avait commandé du matériel, un croiseur, etc... et nous étions restés depuis cette époque dans des termes très amicaux.

L'école de tir d'artillerie dont j'ai commencé l'organisation, il y a quarante ans, à une dizaine de lieues de Tôkyô, m'invita à venir assister à des tirs d'artillerie; les officiers, par une attention bien délicate, m'offrirent un déjeuner dans la maison que j'avais construite sur le champ de tir il y a quarante ans, et où j'allais passer chaque année un mois au printemps et un mois à l'automne pour diriger les tirs; on nous servit le café dans mon ancienne chambre à coucher.

A la fin des tirs que je suivis du haut d'un monticule aménagé autrefois par moi, le Général commandant l'Artillerie, me demanda de la part des officiers, l'autorisation de donner à ce monticule le nom de *Colline Lebon*. Je ne pouvais qu'acquiescer à une si aimable proposition; et un mât fut dressé immédiatement avec une petite tablette constatant le nom donné à la colline.

Il y a quelques semaines j'ai reçu encore des remerciments du Commandant de cette École de Tir d'Artillerie pour ma visite ainsi que des photographies représentant la *Colline Lebon* et la Mission Française au sommet.

Que si vous me demandez de résumer mes impressions d'ordre militaire, je répondrai :

Aux obsèques où 40.000 hommes de troupe avaient été concentrés à Tôkyô, comme aux manœuvres de détail auxquelles j'ai assisté, — dans mes visites d'établissements militaires, comme au champ de tir, — j'ai retrouvé cette magnifique armée dont l'instruction militaire et surtout les qualités morales, m'avaient fait dire en 1897, c'est-à-dire sept ans avant la guerre de Mandchourie :

« Il est clair que le jour où le Japon aura développé ses forces militaires et « ses forces navales en proportion de ses 40 millions d'habitants, ce jour-là « — il ne sera plus seulement, comme il l'est actuellement, inattaquable chez « lui, — il deviendra une puissance offensive avec laquelle il faudra compter « très sérieusement. Suivant les circonstances, il pourra être pour ses voisins, « un adversaire redoutable ou un allié précieux.

« Ses voisins c'est d'abord la Chine et la Russie, l'Angleterre ensuite en « raison des nombreux comptoirs qu'elle possède en Extrême-Orient ; c'est la « France, enfin, car il ne faut pas perdre de vue que Formose est maintenant « terre Japonaise et qu'elle est séparée seulement par trois jours de navigation « de l'Annam et du Tonkin (1). »

Ces paroles prononcées en 1897 ne rencontrèrent qu'un scepticisme railleur ou dédaigneux : railleur de la part des *gens d'esprit*, dédaigneux de la part des *gens graves*.

Ai-je besoin de vous rappeler, Mesdames et Messieurs, que quelques années après, l'Angleterre comprenant toute l'utilité d'une pareille alliance n'hésita pas à renoncer, en 1902, à son *splendide isolement* pour conclure un traité d'alliance avec le Japon.

Vers la fin de notre séjour à Tôkyô, un grand dîner eut lieu à l'Ambassade de France où furent invitées toutes les hautes personnalités dont je viens de vous parler, chez qui j'avais été reçu avec ma suite.

(1) *Les Origines de l'Armée Japonaise*, par le Colonel Lebon, chez Berger-Levrault, 1898.

Avant de quitter Tôkyô je dois vous entretenir quelques instants d'une œuvre française des plus intéressantes : je veux parler de « *l'Ecole de l'Etoile du Matin* dirigée par des Marianistes et qui compte aujourd'hui plus de 800 élèves dont un grand nombre appartiennent aux premières familles japonaises. Cette école est honorée d'une subvention annuelle du Gouvernement de la République Française et le Supérieur de cet établissement, l'abbé Heinrich a été décoré de la Légion d'Honneur il y a quinze mois.

Au moment où il fallut agrandir cette école pour la porter de 400 à 800 élèves, un Comité Japonais s'organisa pour réunir les fonds nécessaires à l'agrandissement de l'*Etoile du Matin* ; parmi les Membres de ce Comité figuraient les grands Maîtres de la Cour de S. M. l'Empereur et de S. M. l'Impératrice, le Président du Conseil, plusieurs Ministres dont le Ministre de la Guerre et le Ministre de la Marine, des Généraux, des Amiraux, des Sénateurs, des Députés et des représentants de la haute finance.

L'appel que lança le Comité pour réunir les fonds nécessaires estimés à plus de 750.000 francs est très intéressant pour nous Français, à connaître ; je ne vous en citerai cependant que quelques passages :

« ... De tout temps, notre amitié pour la France nous a portés à favoriser « tout ce qui, dans notre Patrie pouvait contribuer à rapprocher nos deux « Pays. Depuis l'Accord Franco-Japonais cette amitié s'est encore affirmée « davantage, nous avons compris... qu'il était indispensable pour un certain « nombre au moins de nos compatriotes, d'apprendre votre belle langue « française...

« Parmi les établissements tant publics que privés... l'école de l'Étoile du « Matin occupe un rang à part... par la perfection de ses méthodes et par la « supériorité de l'éducation qu'on y donne...

« Le Directeur et ses collaborateurs, il est vrai, sont des étrangers par « rapport à nous et la religion qu'ils professent diffère de la nôtre ; malgré « cela, nous n'avons pas hésité un instant... à nous constituer en comité pour « recueillir les 300.000 yens (plus de 750.000 francs). »

Cet appel du Comité avait été chaleureusement appuyé par notre ambassadeur au Japon, M. Gérard.

Il y a quatre ans, le Comité avait déjà réuni, parmi les Japonais, la somme très appréciable d'environ 400.000 francs.

La souscription était en même temps ouverte au Crédit Lyonnais à Paris ; je n'ai pas su ce qu'elle avait produit en France.

Je me rendis avec beaucoup de plaisir à une invitation que me firent le Supérieur et le Directeur de cette école, de présider, en grande tenue, une réunion de leurs élèves ; les plus âgés chantèrent en français le *Défilé du Regiment*, le *Drapeau de la France* ; les plus petits entonnèrent *Chante, chante, petit oiseau* et quand ils eurent fini, la *Marseillaise* vivement enlevée fut chantée par tous les élèves. Un des grands élèves me lut un discours dont les sentiments étaient vraiment touchants :

« C'est avec de profonds sentiments de joie et de reconnaissance que nous « vous voyons arriver aujourd'hui au milieu de nous.

« Il y a quarante ans déjà, lorsque le Gouvernement français daigna fournir « au Japon le concours d'une commission militaire spéciale, vous étiez du

« nombre des officiers qui vinrent alors consacrer leur dévouement et leur « science à la première organisation de notre défense nationale... Et c'est « pourquoi nous sommes heureux, avec tous nos compatriotes, que vous ayez « été choisi pour représenter noblement la France aux funérailles de Sa « Majesté.

« Mais en outre..., c'est un sentiment de douce joie à la vue du brillant « costume de Général français qui nous rappelle votre belle Patrie.

« Excellence, nos cœurs à tous, ces cœurs qui aiment tant notre Pays, « aiment aussi la France.

« Les plus petits d'entre nous pourraient vous saluer en français avec « la bonne grâce des enfants de Paris ; vous venez d'ailleurs de les entendre « chanter avec entrain le *Drapeau de la France*. A mesure qu'ils grandiront, « ils se familiariseront chaque jour davantage, comme nous l'avons fait nous-« mêmes avec la langue française ; ils entreront chaque jour en relations plus « intimes avec les maîtres français qui vivent constamment au milieu de nous. « Comment dans ce contact incessant de nos âmes avec la pensée et le sen-« timent français, ne serions-nous pas tout pénétrés d'admiration et d'amour « pour le grand et beau pays qui est le vôtre ?... »

J'adressai à ceux-ci une courte allocution en paraphrasant quelques passages du rescrit de l'Empereur défunt *Aux armées de Terre et de Mer* ainsi que de son rescrit *Sur l'Education* et en insistant sur ces paroles de l'Empereur qui sont gravées dans le cœur de tous les Japonais :

« Le devoir est plus lourd que les montagnes, la mort est plus légère « qu'une plume. »

Nous quittâmes Tôkyô le 29 septembre, après les adieux les plus sympathiques et les plus touchants de la part de nombreuses autorités civiles et militaires, ainsi que des professeurs et élèves de *l'Etoile du Matin*, alignés sur le quai de la gare.

Pour nous rendre à Kyôto où nous allions saluer le Mausolée Impérial, j'avais décidé de suivre une ligne de chemin de fer toute nouvelle qui traverse, au milieu des sites les plus pittoresques et les plus grandioses, la région montagneuse du centre du Japon, dont je n'avais pu voir autrefois qu'une très faible partie à cheval ou en piéton. Un wagon aménagé avec salon et cabines avait été mis gracieusement à ma disposition et devait être remisé dans toutes les villes où nous nous arrêterions pour nous conduire jusqu'au port d'embarquement.

Après trois journées de repos à Nara, le premier repos véritable que nous prenions depuis notre départ de Paris, nous nous rendîmes à Kyôto, où de là des voitures de la Cour me conduisirent avec ma suite à Momo-Yama, où repose la dépouille mortelle de l'Empereur Meiji-Tenno. Momo-Yama veut dire la montagne plantée de pêchers ; cette colline d'où l'on a une très belle vue sur la région de Kyôto était l'endroit préféré de l'Empereur dans sa jeunesse quand Kyôto était la résidence du Mikado ; il y venait souvent se reposer et s'y livrer à la méditation. Nous nous y rendîmes en grande tenue et en grand deuil : une compagnie d'infanterie me rendit les honneurs à l'entrée du champ funèbre.

La ville de Kyôto m'invita à une réception intime que je déclinai pour accentuer le caractère de deuil de ma visite dans cette ville.

Pendant notre séjour à Kyôto, S. M. l'Impératrice envoya de Tôkyô un messager spécial apporter sa photographie signée par Elle à Mme la Générale Lebon. Des présents me furent offerts par la Ville de Kyôto avant mon départ en souvenir de mon passage dans cette ville.

J'écrivis au maire pour le remercier de cette gracieuse attention et il m'écrivit à son tour une lettre dont quelques passages montrent la politesse raffinée qu'on rencontre partout au Japon, et qui est le fruit d'une civilisation deux fois millénaire.

« Notre mémoire est toujours fraiche des grands services que votre Excel« lence a rendus au Japon alors qu'Elle était en mission militaire il y a déjà « environ quarante années ; nous avons été heureux de voir votre nouvelle « mission très importante que votre Excellence à si dignement remplie. Pro« fitant de votre passage dans notre ville nous avons désiré tenir ici compagnie « à votre Excellence par une petite réunion intime ; nous avons vivement « regretté de ce qu'Elle n'a pu y répondre.

« Nous nous sommes permis de lui offrir un modeste souvenir des objets « de Kyôto qu'Elle a bien voulu accepter et Elle nous a fait l'honneur de « nous exprimer ses remerciements pour ce petit présent, ce dont nous sommes « tout confus :

« C'est à nous de la remercier de sa bienveillance d'avoir accueilli notre « témoignage de profond respect ».

La ville de Kyôto renferme un très beau Palais des Mikados et un autre des Shoguns, ainsi que de magnifiques temples où se trouvent des merveilles d'art qui ont été décrites, avec autant de charme que de compétence par l'éminent Conservateur au Musée du Louvre, M. Gaston Migeon, dans son livre consacré au Japon : *Promenades aux sanctuaires de l'art.*

De Kyôto nous nous rendîmes à Simonoseki en faisant seulement un court arrêt dans l'île de Miasima, la perle des îles de la Mer Intérieure, l'Ile sacrée, au sommet de laquelle on monte par un millier de marches à travers des forêts magnifiques, et où l'on trouve un sanctuaire dans lequel des prêtres entretiennent un feu éternel.

Avant de quitter Simonoseki, où je fus reçu par toutes les autorités civiles et militaires, comme en débarquant à mon arrivée, j'adressai des télégrammes de remerciements :

Au Ministre de la Maison Impériale ;

Aux Ministres des Affaires Etrangères et de la Guerre ;

Au Ministre de l'Intérieur, qui est en même temps Président de l'Administration des Chemins de Fer de l'Etat.

Et, enfin, à l'Ambassadeur de France à Tôkyô.

Au moment de quitter la terre japonaise, et pour encourager nos compatriotes à aller visiter ce beau pays, je crois devoir signaler les passages suivants d'une lettre que j'ai reçue du Président de l'Administration, des Chemins de Fer de l'Etat :

« Pendant votre voyage, nous n'avons simplement fait que ce qui nous a « été dicté par le devoir que nous avions à cœur de remplir envers la mission « qui représente la nation à qui nous devons les premières instructions mili- « taires.

« Permettez-nous de vous dire aussi que chaque fois que l'occasion se pré- « sentera, l'Administration des Chemins de Fer est prête à faire tout ce qu'elle « peut pour rendre agréable le voyage à l'intérieur du Japon, envers vos com- « patriotes qui nous honoreront de leur visite. »

Après avoir fait nos adieux au Maître des Cérémonies, S. E. Mr Itchiki, dont nous ne pourrons jamais garder un souvenir assez sympathique, nous nous embarquâmes te 9 octobre au soir à Simonoseki, avec l'ingénieur des chemins de fer, M. Nahamura : lui non plus ne nous avait pas quittés jusque là ; et, avec M. Itchiki avait organisé notre voyage de la manière la plus intelligente, avec toutes les prévenances et les attentions les plus délicates ; un télégramme du Ministre des Chemins de Fer donna l'ordre à M. Nahamura de nous accompagner en Corée et en Mandchourie.

Nous débarquions le lendemain matin à Fusan ; et nous arrivions le soir du 10 octobre à Séoul, où nous retrouvions à la gare le même concours des autorités qu'à notre passage un mois avant.

Le Gouverneur, Général Comte Téraoutchi, m'avait fait promettre de m'arrêter au retour dans cette Capitale de la Corée, et il nous y reçut avec la même bonne grâce et la même parfaite hospitalité que nous avions rencontrées chez lui à Tôkyô.

Notre aimable consul, M. Alphonse Guérin, se mit aussi à notre disposition et nous reçut dans sa charmante habitation située d'une manière pittoresque sur une colline boisée d'où l'on domine la Ville de Séoul.

Des divers entretiens que j'ai eus et des observations faites au cours de mon voyage en Corée, j'ai retenu les caractéristiques suivantes de l'œuvre de colonisation des Japonais :

1° Au point de vue de la politique intérieure.

Le désir très net de s'attacher les Coréens et de les associer à leur œuvre. Un des faits caractéristiques à cet égard est le développement rapide dans les différents villages, d'écoles où sont juxtaposées des classes de petits Coréens avec des maîtres coréens en costume national ; et des classes de petits Japonais avec des maîtres japonais.

2° Au point de vue économique.

Nécessité, d'une part, avant toute autre tentative, de reboiser toutes les montagnes qu'une longue imprévoyance a complètement dénudées : des lois sévères ont été émises à ce sujet dont les effets sont déjà visibles dans certaines régions. Création, d'autre part, de fermes et plantations modèles où sont étudiées les variétés de fruits et de céréales s'adaptant le mieux au sol et au climat. Le Général Téraoutchi tint à me faire visiter, en personne, une de ces plantations modèles.

3° Au point de vue militaire.

Nécessité de modifier l'organisation actuelle dictée par l'économie : les troupes de Corée ne sont que des détachements prélevés sur divers régiments du Japon ; ces régiments sont ainsi réduits à des squelettes et les détachements ont des complications d'administration.

Le Gouverneur Général vint, en personne, avec tous les membres du Gouvernement Civil et Militaire de Corée nous accompagner à la gare à notre départ de Séoul : Un de ses officiers d'Etat-Major, le Lieutenant-Colonel Kono, qui avait déjà accompagné la Mission lors de sa traversée de la Corée, à l'aller, était venu me recevoir à Fusan et m'accompagna jusqu'à Antung, première ville de Mandchourie.

A Antung je fus reçu par le Commandant Shioden, envoyé à ma rencontre par le Général Baron Fukushima, Gouverneur Général du Kwantung à Port-Arthur, Commandant des troupes japonaises qui gardent les chemins de fer de Mandchourie.

Nous retrouvâmes à Moukden notre sympathique Consul de France, M. Berteaux qui fut pour nous le guide le plus averti dans notre excursion aux Tombeaux des Empereurs Mandchous, et dans la visite des merveilles artistiques qui constituent le Trésor Impérial conservé dans l'ancien Palais.

Le Commandant Shioden, de son côté, nous fit sur les lieux mêmes, le récit très intéressant des actions de guerre qui se déroulèrent, pendant la bataille de Moukden, au Nord-Ouest et au Nord de la Ville, comme conséquence de l'arrivée du Maréchal Noghi sur le flanc droit de l'Armée Russe.

Pendant ce séjour à Moukden, nous eûmes l'occasion de déjeuner avec l'ancien Vice-Roi de Mandchourie qui n'est plus maintenant que le Gouverneur de la province de Moukden. C'est un Chinois d'un certain âge, très intelligent et très énergique. A ce même déjeuner assistait le Commandant des troupes, un très jeune général chinois, aux traits délicats, aux mains fines, avec de petits doigts de femme, au regard très intelligent, quelque peu félin. Il parut à ma femme qui était à côté de lui, comme à moi-même, plein d'intelligence et de charme, quoiqu'on nous eût assuré qu'il était un *ancien chef de bande*, ce que nous appellerions un chef de brigands ; sa très grande énergie et son intelligence l'avaient fait choisir par le Gouverneur pour le mettre à la tête des troupes chinoises de la région avec le grade de général de division.

On raconte qu'il avait été chargé dernièrement de faire exécuter un bon nombre de condamnés à mort ; les exécuteurs des hautes œuvres manifestaient une certaine hésitation à entamer leur lugubre besogne ; ce que voyant, notre charmant petit général aux doigts de femme tira son sabre et en décapita

5 ou 6 avec une véritable maëstria ; ce qui mit du cœur au ventre à ses agents ; et ceux-ci continuèrent leur besogne jusqu'à l'extinction de tous les condamnés.

Je fus reçu à mon passage à Dalny par les administrateurs de la Compagnie du Sud Mandchourien. Je leur exprimai tous mes remerciements pour avoir considéré comme leurs hôtes tous les membres de la Mission Française pendant leur passage en Mandchourie, à l'aller et au retour. D'ailleurs, M. le Colonel en retraite Sato, directeur des Affaires Chinoises du Sud Mandchourien et M. le vicomte Iwashita, de la même Société, étaient venus à ma rencontre au nom de leur Président, jusqu'à Séoul, et m'accompagnèrent, comme à l'aller, pendant tout mon voyage en Mandchourie.

Le grand rôle que joue officiellement cette Compagnie dont le principal actionnaire est l'Etat Japonais, et dont l'importance m'avait frappé dès mon arrivée, s'explique par le rôle qu'elle joue en Mandchourie, où elle se substitue vis-à-vis de la Chine, au Gouvernement Japonais, pour de nombreuses questions économiques.

L'installation de son Administration Centrale à Dalny fait, d'autre part, ressortir la préoccupation très nette des Japonais de concentrer tous leurs efforts sur Dalny et de réduire Port-Arthur au rôle unique de station militaire. Les faibles dimensions de ce dernier port lui interdisent d'ailleurs, de prendre quelque importance même à ce point de vue, et de fait il ne doit pas y être crée d'arsenal. Dalny, au contraire, disposant d'un port étendu, ouvert face au large et déjà suffisamment profond m'a paru être en plein développement, et justifier les espoirs que m'exprimèrent différentes personnalités japonaises.

La Ville possède un bel hôtel très confortable pour les voyageurs et elle espère devenir une station balnéaire importante.

Dalny est le port d'exportation des produits agricoles de la Mandchourie dont la fertilité est célèbre. On exporte notamment des quantités énormes d'huiles fabriquées avec des fèves connues sous le nom de haricots de Mandchourie. Il paraît qu'on inonde de ces huiles une partie de l'Europe et de l'Amérique ; mais ces huiles ne peuvent, m'a-t-on dit, entrer en France, par suite des tarifs prohibitifs qui protègent nos huiles nationales.

Le Gouverneur Général du Kwantung me reçut à Port-Arthur comme je l'avais été à Séoul. A la gare, il m'attendait avec les autorités civiles, militaires et navales ; il offrit en mon honneur un grand dîner, et je dus me considérer comme son hôte pendant mon séjour à Port-Arthur.

Je fis une visite très complète et extrêmement intéressante des ouvrages de fortifications qui ont joué un rôle pendant le siège.

Les forts sont restés exactement dans l'état où les Russes les ont laissés ; les Japonais entretiennent seulement les défenses du côté de la mer, mais ils ne paraissent pas vouloir réparer les défenses du côté de la terre. On a donc sous les yeux tous les effets matériels qu'ont produits le feu de l'artillerie et l'explosion des mines : les remparts bouleversés, les massifs de béton disloqués, apparaissent comme si la lutte datait d'hier ; j'ai pu suivre la trace de ces mines souterraines creusées, avec une audace inouïe, par les Japonais sous certains forts.

Il faudrait un volume pour raconter tous les actes d'énergie, de courage, d'héroïsme qui furent déployés par les deux Armées. Les Japonais rendent entièrement justice à la bravoure des Russes ; ils citent le cas de nombreux prisonniers russes qui avaient été blessés plusieurs fois grièvement, et qui sortaient des ambulances russes pour se battre à nouveau sans être guéris.

Mais j'ai pu reconnaître sur le terrain même qu'à la fin du siège, le Général Stœssel eut une défaillance et capitula trop tôt d'un nombre de jours qu'on peut estimer à 15 au moins ; c'est ce qui explique la condamnation à mort dont il fut l'objet de la part du Conseil de Guerre Russe. S'il avait tenu 15 jours de plus, Noghi ne pouvait arriver à temps avec ses 80.000 hommes pour intervenir dans la bataille de Moukden et transformer en une victoire décisive cette bataille qui, sans cela, aurait été sans doute indécise, et peut-être même défavorable aux Japonais, comme je l'ai entendu reconnaître par plus d'un d'entre eux.

Je terminai cette visite de deux jours en allant saluer le Monument Funèbre où reposent les restes des 24.000 Japonais tués pendant le siège. Les autorités et la presse japonaises m'exprimèrent hautement leur reconnaissance de cette démarche.

Vous savez que les relations entre la Russie et le Japon sont maintenant très bonnes. Le jour où les Etats-Unis proposèrent l'internationalisation des chemins de fer de Mandchourie, la Russie et le Japon firent bloc pour se mettre en travers de cette proposition ; un accord a été signé entre eux ; depuis, un accord, vous le savez, a été signé également entre la France et le Japon. J'ai constaté que les Japonais ne nous ont pas gardé la moindre rancune d'avoir soutenu moralement notre amie et alliée dans sa lutte contre le Japon. Les Japonais, chez qui la fidélité en matière d'amitié est une antique vertu nationale, trouvent tout naturel qu'il en ait été ainsi, je crois même qu'ils eussent été fort étonnés qu'il en fût autrement.

Ces accords successifs, entre la Russie et le Japon, puis entre la France et le Japon, sont venus réaliser l'idée qui m'a hanté pendant de bien longues années, à savoir qu'une étroite amitié entre la France, la Russie et le Japon répond aux intérêts bien compris de ces trois grandes nations.

ANGERS. — IMPRIMERIE A. BURDIN ET Cie, 4, RUE GARNIER.

www.ingramcontent.com/pod-product-compliance
Ingram Content Group UK Ltd.
Pitfield, Milton Keynes, MK11 3LW, UK
UKHW020231180726
13838UKWH00005B/2319